Préface,

Le temps d'aimèr.

Ce cinquième livre est un bijou, un recueil de pensées unique qui nous parle à tous. On a tous du temps mais prenons nous le temps de vivre réellement, prenons nous le temps d'observer autour de nous, l'auteur le fait, il se donne du temps pour observer la vie, il se donne du temps pour écrire, afin que nous puissions prendre le temps de le lire. Le livre est en deux parties. La première est « le temps » et la seconde « l'amour » .
Quel est le véritable sens du sens amour. Le mot amour signifie un sentiment propre à chacun.
Chacun a sa manière d'aimer.

Mr Belluso nous ouvre son âme, il nous parle de l'amour à sa manière, il ose nous dévoiler le plus profond, à nous de le comprendre et chacun en tirera sa propre pensée mais l'amour est universel à tous .

A vous lecteurs de prendre du bon temps en lisant ce livre et peut –être aimerez vous la vie autant que l'auteur.

Mélissa

@2017 Sébastien Belluso

Éditeur : Books on Demand GmbH,12/14 rond point des
Champs Élysées, 75008 Paris France

Impression : Books on Demand GmbH Norderstedt
Allemagne

ISBN : 9782322086085

Dépôt légal : Novembre 2017

Le Temps

d'aimer

Le Temps ...

L'Amour...

Un instant c'est déjà ça ...

Présence, si grande est notre distance, que par moments, te vivre instantanément m'éternise à mon brin de vérité...

Un moment c'est déjà trop...

C'est maintenant qui peut te
faire sourire demain.

C'est maintenant qui peut te
faire pleurer demain.

C'est maintenant qu'il faut agir,
réagir ou peut être demain,
à part nous qui peut le savoir ?

Le temps nous est offert et nous n'avons pas ou plus le temps à nos côtés...

Par de simples écrits le temps s'arrête soudainement au point que je me sens respirer...

Dans cette vie ,
je ne sais plus quoi faire à part
écrire pour que le temps me soit
agréable...

Une terre faite de pays,
des pays faits de régions,
des régions faites de
départements, des départements
faits de villes,
des villes cadastrées et c'est dans
l'un de ces cadastres que vous
hébergez et non cette terre...
Pourtant ...
Il est temps d'émerger...

Nous portons un nom à tout en oubliant parfois celui qui nous définit...   (HUMAIN)...

Nous faussons tout, n'est ce pas l'une de nos vérités ?...

Je n'ai aucune science infuse pour nous autres, je m'en tiens alors à la compassion,

Que me reste-il d'autres ?

La violence est brutale !
La compassion est sage !

Etat d'esprit ou compréhension,
je ne sais plus...

Par le biais d'un bout d'herbe la
vie nous a été offerte si bien que
nous en sommes devenus égoïstes,
nous nous rattachons au superflu
et avons de l'amour pour le
mensonge...

C'est pourtant la vérité qui nous emportera ...

Offre un peu de ta sagesse où tu peux sans te faire mordre, tu pourrais la perdre·

Essayons de nourrir notre temps de paix, c'est plus sage...

Ma plus grande vérité·
N'est ce pas mon ignorance ?

Aujourd'hui nous avons tout pour vivre sainement et nous goûtons déjà au poison de nous autres...

C'est au seuil de notre conscience qu'est né ce besoin de vérité et c'est pourtant là qu'elle se trouve...

Je refais sans cesse le monde
mais je ne cherche plus à le
changer seulement y contribuer...

Etre soi-même réduit à effacer
son moi.

De longues heures de méditations
pour un petit moment de paix...

Tout est question de temps,
Conscience de cela nous dépose
Sur le banc de la patience.

Je peux l'écrire, le décrire mais
je ne peux l'arrêter.
Quand t'y reviens, il s'éloigne.
Quand tu le projettes, il
t'échappe.
Quand tu es là, il est là ...
(Le temps)...

A chacun son temps, il contribue
pour chacun à son époque...

Avec bien être, espoir ou
désespoir,
Nous le vivons au fil du temps
sans la moindre maîtrise de celui-
ci

Parfois heureux,

     Parfois malheureux,

Je vis de lui, comme il me fait
vivre aujourd'hui ...

Parfois émotif, je ne peux me
contenir, je pleure et attends que
le temps me soigne...

Il est notre médecine, à court ou
long terme...
Je l'aime sans en avoir la
maîtrise ...

Je m'y rattache au point de ne même pas le voir défiler...

Il est si long et si rapide...
On ne peut le contenir, il erre, et on vieillit ...

Je l'aime et j'en demeure parfois impatient , j'en souffre mais m'attache , m'enchaîne à lui ...

Avec ou sans choix, il défile et
me laisse lui, sans demi-mesure

Avec lui , j'écris, mon âme écrit
à vif, je contemple, observe et
souffre de cette incertitude qui
nourrit cette essence de mon
innocence, ignorance...

Je navigue dans une mer, comme
toi mon frère, malgré qu'il passe
il faut de temps à autre
s'arrêter.

Je ne peux vérifier mes dires
mais c'est ainsi, je laisse mon
temps arrêter mes instants, pour
vivre instantanément heureux.

Je pense, je sais sans savoir, qu'il
est si bon parfois de méditer...

Je recherche, une essence, un sens, comme nous tous, même si vérité nous fuit et que superflu nous poursuit, prend ton temps, respire et observe, crois, à quoi que ce soit, tu verras avec le temps tu n'auras point le choix

Ne laisse pas ton temps, à l'angoisse, au stress sinon tu en réduiras ton temps...

Même à la dérive accroche les
rênes de ton navire, comme moi,
maigre est ton choix, respire et
lie toi à la vie, elle ne dure qu'un
temps où l'accomplissement doit
naître...

Le choix t'appartient, peut être
heureux, certes, mais comme moi,
toi tu souffres ... c'est cela
vivre...

Préserve ta vie, ton temps,
oublie, mets toi à l'abri...

Ramène celui qui te précède à la
vie...

Humanité peut vivre, en
retrouvant l'essence de notre
vie...

Où est-elle ?
Qui est elle ?

Comme moi , pour toi, elle nous
est innée...

Reste à la partager et mentalité
dérive alors vers la paix

Tu peux lire comme chanter ces
écrits

J'écris à la mélancolie de ma vie
pour offrir une parhélie à notre
temps sombre...

On a tout pour être heureux...
Et pourtant !!

Comme la science, au plus tu
découvres et au plus l'univers qui
est autour de toi, grandit.
Quand tu es seul, parfois tu te
perds et au plus tu perds, au
plus tu seras perdu, cet univers
que tu veux voir rétrécir grandit.
Immense est le désert aussi grand
est le grain de sable...

Comme le clignement de tes yeux
pour se reposer, là ;
maintenant ; Ressens ton
abdomen gonfler et désenfler ,
perçois le flux et le reflux...
Instantanément tu reprends ton
train de vie tout en ayant
médité trois secondes· Pense de
temps à autres à ces trois
secondes et tu anéantiras
l'anxiété dans ta vie...

Trois secondes de réalité ce que l'on a oublié, sommes nous plus conscients de cette essence, qui n'est rien d'autre que s'observer respirer...

Un rythme si régulier, si fonctionnel qui échappe à notre conscience au fait que l'on ne le calcule même plus·

Fermez la bouche, bouchez vous le nez, vous allez comprendre l'essence que cherche à traduire, on ne peut la mettre au cachot, elle nous est universelle...

Concentrez vous sur ce flux et reflux. Un est le flux, deux est le reflux, trois est le flux, quatre est le reflux compter ainsi jusqu'à dix et vous verrez que sans compter la onzième, ni la douzième votre esprit continueras lui à observer ce flux et reflux. Certains ne le percevrons plus des la treizième, d'autres seront dedans encore à la vingtième et si il vous échappe remettez vous à compter pour le rattraper.
Le temps passe et vous voilà plus tranquille...

Parole de l'âme

                Intégrité

                  Délivrée

Pour émouvoir,
    de simples mots sur papier.

Sommeil de nos nuits, le corps conducteur se raidit pour paradoxalement se laisser aller vers le relâchement...

Vallonné de courbes sinueuses et si linéaires, un décor des plus envoûtant, enivrés de désirs et plaisirs est le corps de cette jeune femme.

Lueur de vie ;
Dès le réveil, je vous prie de
rire...

Tends la main si tu n'as pas, toi
déjà les pieds dans le sable...

Il y a celui dont on excuse
l'inacceptable et celui que l'on
accuse par manque de coupable...

L'enfant né dans la guerre, si jeune et armé , prêt, à l'affût de naître pour tuer...

L'enfant né dans la misère ne peut connaître le caprice, il est gavé de famine et né pour mourir...

L'enfant né du bon coté, sans arme et nourri à sa faim, pleure adulte...

Il vécut vieux sans connaître l'instant, il n'a alors rien connu...

L'enfant a le savoir que je ne peux plus avoir, elle sourit sans savoir et moi je suis ému sans le vouloir...

Pour vivre l'instant, maintenant, Ecrire devient un besoin, une nécessité, au moment même ou vous lisez, moi j'étais libre...

Des dizaines de personnes assises côtes à côtes , face à face si l'un baille, tous en font de même...

Si long est parfois le temps qui nous accompagne, que tout me semble éphémère...

On est libre de penser maintenant, pour demain...

Utopique, peut-être, je préfère y croire même ci c'est un leurre.

Comme la polarité d'un aimant, certaines choses m'aspirent et je vais vers elle sans véritablement le savoir.

L'Amour...

Si infâme soit-il , c'est grâce à
lui que j'ai envie de vivre.

Si indécis , si franc,

Tu le provoques il te frappe.

On l'insulte et l'implore.

Sans lui , la vie s'assombrit.

Comme un arbre sans vie est
l'âme d'un bonhomme qui ne le
côtoie pas.

Sans lui on ne peut pleurer

Il est simplement, paternel, maternel, fraternel, quoi qu'il soit nous on le désire...

Assis devant une fleur, il nous tient.

Fidèle au point de tricher.

Même après l'après il demeure
présent.

L'essentiel est là...

Si tu décides de partir par tes
choix, c'est qu'il a disparu...

Elle m'a dit, « un autre ne sauras faire aussi bien »...
Mais elle ne l'avait plus pour nous...

Je tire parfois ma révérence au point d'en vibrer à chaque fois.

Courbes sinueuses qui éveille le désir...

Tout en fait partie·

Il blesse, il soigne...

En lisant vous avez peut être oublié qui il est.
Grâce à lui, je vous écris.

Il suffit d'écrire pour lui et ressentir que l'on existe.

Il nous libère pour mieux nous enchaîner.

Quoi qu'il en soit, si demain c'est
lui le maître de tout pouvoir,
Notre seuil sera plus sage.

Portons un toast !

Partage,

Partagez,

Partageons,

Il nous est humble.

Dans le mal-être l'instant nous
est éternel...

Je ne vivrai plus pour quelque chose qui ne me correspond pas.

Mon âme et sa bible...

Si il te faut me relire, fais le avec de la musique. Comme le journal au café ça passe tout seul. La seule différence, la réalité.

Unique et universelle...

Propre à soi, fait notre fierté.

Quand il met en doute il
préoccupe.

Comme dans une spirale, il nous
aspire, pour mieux nous rejeter.

Chacun son observation, chacun sa traduction.

Un éternel dialogue de sourds,
Ceux d'en haut ne se font pas
entendre, comme des poules ils
pondent des lois ...

Assis en tailleur, je ne suis mien
dans ce monde.

Le ressenti est comme le phare au milieu de l'eau qui prévient le marin.

Malgré tout, j'ai espoir en elle et foi en lui...

Aucune drogue n'atteint son pouvoir.

Il nourrit nos vies.

Il peut porter les mots à la démesure.

Un leurre victorieux.

En été il peut-être meurtrier.

Boire de l'orangeade avec un poulet rôti, c'est d'une hérésie !

Croire que nous pouvons vivre sans lui est une hérésie !

Lire les entrailles de cet univers est tout sauf une hérésie !

Comme une cigarette sans feu, je
suis en elle·

Autrui et son monde,
Un monde est mien,
Une passerelle sans attache,
Je ne traverserai plus...

J'ai choisi l'être, pour mieux demeurer.

Je ne suis pas certain de mon bonheur, mais sans doute, pour mon malheur.

Le paradis terrien visible,

Aux yeux fermés,

L'homme armé,

Vise la cible,

Ni moi, ni foi, ni lois

N'a de bon chemin,

Lui est en soi,

Racine au reflet de sapin

Adversaire du moi,

Indifférent dois-tu être.

L'existence à lui et non à moi,

Disciple du maître.

Esprit, à toi la vie,
Le moi n'a plus envie,
La main lui appartient,
Je ne peux en faire mien,

Ciel, terre, mer,
Je ne te prie plus,
Je suis à toi, nu,
Esprit élève cet âme, amer

Le moi implore,
　　　　Dès lors,
　　Voilà l'éveil,
　　　　Sans pareil·

Verdict,
  les mots prennent place
   L'obscure s'efface,
  Advient l'amnésie,
  A toute paralysie,

C'est le plus profond,
Qui doit être le plafond,

Au loin, vas avec tes yeux,

Là bas, tourne toi,

Pour lui au milieu de rien

Fais un vœu,

Libère toi de ce poids

Pour celui qui est tien.

Le regard flou ;
Après quelques verres, le sens
prend forme...

Il me lie à elle...

Autres livres :

Marche ou Crée,
Brin de Recueil,
L'éveil d'écrire,
L'essence de la solitude

écriture : avril 2009...